UN FOUTU MONDE
POUR UN BLANCHISSEUR
TROP HONNÊTE

Sylvain Bemba

Un foutu monde
pour un blanchisseur
trop honnête

EDITIONS CLE
YAOUNDE
1979

© by Editions CLE, Yaoundé (Cameroun)
ISBN 2-7235-0028-4

PERSONNAGES

LE PRÉSENTATEUR.

RAPHAEL, la cinquantaine.

LE GARDIEN DE PRISON.

PAUL, ami de Raphaël, même âge.

MARIE, épouse de Raphaël.

ANNETTE, fille de Raphaël et amie de Gaspard.

LE VIEIL HOMME.

LE TAILLEUR.

LES APPRENTIS DU TAILLEUR.

LE CLIENT IRASCIBLE.

LA VIEILLE LAVANDIÈRE I.

LA VIEILLE LAVANDIÈRE II.

LE REPRÉSENTANT, jeune cadre de 30 ans.

L'EMPLOYÉ DE BUREAU, la cinquantaine.

LE CHEF DE QUARTIER.

LES HABITANTS DU QUARTIER.

LE POLICIER DE GARDE.

GASPARD, inspecteur de police, ami d'Annette.

———————

« ...Celui que j'appelle mon héros n'est pas un grand homme (...) Une chose en tout cas est certaine : c'est un homme singulier et même un original (...)

L'original n'est pas « toujours » un cas particulier, mais c'est souvent lui, en fait, et nul autre, qui détient la quintessence du tout, ce dont se sont détachés pour un temps ses contemporains saisis par on ne sait quel vent de passage. »

DOSTOIEVSKI
(Avant-propos des Frères Karamazov).

« Je ne conseille à personne de se comporter en être humain, sinon avec la plus extrême prudence. »

Bertolt BRECHT.

DÉDIÉE A JEAN-PAUL SCHAACK

Pascal N'ZONZI - MAMBOU

Maxime, forgeron-de-la-parole-cachée
et dans signes du silence.

AVANT-PROPOS

La langue parlée est, sans conteste, la première des plus nobles conquêtes de l'homme, et devance de plusieurs millions de foulées dans le temps et dans l'espace le... Cheval. Certains peuples qui se targuent d'avoir inventé la courtoisie — on ne peut être chevaleresque, disent-ils, qu'à partir du moment où l'on peut mettre en selle une vision de la vie — sont aussi ceux qui n'ont pas hésité à renverser sous les sabots de leurs chevauchées coloniales les civilisations des pays conquis.

En Afrique, par exemple, certains de nos sanctuaires culturels se sont retrouvés cul par-dessus tête, entraînant ainsi ce chambardement spirituel dont les séquelles subsistent de nos jours. Cependant, la plus noble conquête du colonisé en vue de retrouver un certain équilibre a été la langue du maître, langue de prestige, de promotion sociale et, plus tard, de combat contre la domination coloniale.

Par l'acculturation, le français a subi des modifications profondes au contact de la masse qui lui a imposé un traitement à la Picasso. L'auteur a pensé que le théâtre, instrument par excellence de préhension d'un certain réalisme social, ne devait pas ignorer cet univers mal connu où l'on parle « petit nègre » : le monde des bas-fonds.

De là est née la présente pièce qui, comme il faut s'y attendre, tord le cou à toutes les règles syntaxiques. Les puristes se voileront la face et se boucheront les oreilles, ce qui n'empêche pas l'existence d'une langue qui a ses règles propres.

En représentant « L'enfer, c'est Orféo », les comédiens congolais du Centre de Formation et de Recherche d'Art Dramatique avaient déjà donné à l'auteur une indication sur la faveur avec laquelle un certain public reçoit les scènes « populistes » comme celle du menuisier et de ses apprentis. C'était en 1971. Trois hommes m'avaient alors encouragé à écrire tôt ou tard une pièce entière dans ce style. Je leur dédie celle-là en espérant ne pas trop avoir raté celui-ci.

S. B.

LE PRESENTATEUR

Finira-t-on, un jour, par nous cacher l'homme bon et honnête comme une maladie honteuse de la société ? Nous pourrions le croire en écoutant, par exemple, une chanson du guitariste congolais Passy Mermans, chanson qui porte le titre « *Bubote mona pele* ». C'est la complainte des pauvres gens — c'est peut-être aussi la nôtre, si nous faisons partie de ceux qui cherchent le bonheur et croient qu'ils ne le trouvent pas parce que « le monde est méchant », selon l'expression favorite des personnes défavorisées par le destin.

Que vienne un homme bon, honnête, et nous sommes désemparés, voire effrayés. Avec beaucoup de tolérance, nous irions jusqu'à lui pardonner un acte d'honnêteté. Un seul. Ce n'est pas normal, mais enfin ! il faut ce qu'il faut. Une honnêteté n'est pas coutume. Ce qui serait dérangeant, dangereux, déraisonnable, c'est de voir cet homme continuer d'agir au mépris du bon sens. La malhonnêteté est humaine, persister dans l'erreur est diabolique.

Tel est le cas de Raphaël, blanchisseur de son état, qui a le tort de voir la propreté partout et les taches nulle part. Allez vous étonner, après ça, que cet homme marche sur un tapis de peaux de bananes en tenant dans une de ses mains l'œuf de la naïveté. Qui va se casser la figure le premier, l'œuf ou son porteur ? Mesdames, mesdemoiselles et messieurs, les paris sont ouverts.

ACTE I

Scène 1

LE GARDIEN DE PRISON, PAUL et RAPHAEL.

(*Au moment où la lumière apparaît sur la scène, Raphaël est assis en tailleur au premier plan. Il est pauvrement, mais correctement vêtu.*

Dans le fond, on peut voir l'entrée d'une prison avec les mots « Maison d'Arrêt ».

Raphaël reste longtemps dans cette position, suffisamment en tout cas pour que le public commence à être intrigué. Puis, le portail de la Maison d'Arrêt s'entrouvre, laissant voir la tête et le buste d'un gardien de prison. Ceui-ci lance plusieurs choses en direction de Raphaël en criant :)

VOIX DU GARDIEN DE PRISON : Tu veux nous laisser tes deux assiettes ? Elles ont fait leur temps de prison comme toi. Comme tu es libre, tes deux assiettes le sont aussi.
(*La porte se referme tandis que le gardien rit de sa propre plaisanterie. Raphaël fait un mouvement pour récupérer son bien et reprend aussitôt sa position première. Un temps.*
Enfin, par un des côtés de la scène surgit un homme qui vient droit vers Raphaël. Celui-ci se met debout en l'apercevant).

PAUL : (*lui tendant les bras*) Monsieur Gentil ! Ah ! vraiment, lé bon Dié il dort pas. Après le souffrance, il t'a pensé au jour dé aujord'hui.

RAPHAEL : Oui, mon cher Paulin. (*Par la suite, il dira indifféremment Paul ou Paulin*). J'ai tiré deux ans pour rien. Pour à rien, mon cher ! Est-ce que ti m'as déjà vi le motif ? Vingt ans de services chez les colons. Partout les bons certificats. Jamais le motif. Jamais le prison. Même si je vois le chose qui se traîne par terre, je ramasse pas. Les Blancs, il est content de moi. J'ai pas i le tache chez les colons. Pas un tache. Et de maintenant je suis fouti. Je peux plis laver le motif-là jisque le mort. Le savon de loi, il lave seulement le tache pour les prisonniers espécial.

PAUL : Ti es le raison. Le radion, il parle l'armistice que seulement pour le catégorie espéciale.

RAPHAEL : Ya jamais l'armistice pour ceux qui a volé et ceux qui a tiyé. Ça dimine un peu temps à temps pour le bon conduite. Moi, je suis pas le voleur, mon cher, seulement par le trompement. Le Zige m'a bombardé le mauvais condamnement. Je suis le type propre. J'ai lavé les colons, de maintenant je lave mes frères. Les mains qui fait le propreté, il peut pas faire le saleté, quoi !

PAUL : C'est l'évidemment ! Quand le quartier il avait enttendi ta malhère, tout le monde a vi entonné ! Car moi-même je sera aussi entonné. Comment ! Le jistice, il donne le pinition aux pauvres types et fait de contraire pour les grands messieurs.

RAPHAEL : (*touché*) C'est ça, mon cher Paulin ! Le type-là qui me fait le rapport à la commissariat, ah, que le monde est méchant ! Quand il m'a vi le premier fois, il dit : je suis content de te trouver ; monsieur Gentil ti es le bon « lavadère ». Combien ti vas me factireras pour le lavement des habits de moi ? Je dis comme ça, nous les « lavadères », il a le tarif espécial. Le troisième prix, c'est pour le type sans beaucoup le moyen. Le deuxième prix, c'est pour les types plis capables. Le première prix, c'est pour les gens qui billent les habits de lixe. Ah ! si je fais pas le faute car je lui factireras le première prix. Ce type-là, Paul, faut voir les pantalons qui se billent lui.

PAUL : Mais pourquoi ti l'as fait le classement di deuxième prix ?

RAPHAEL : C'est ma cœur qui est bon, Paulin ! Ma cœur-là, que ti vois, ah ! trop bon, trop couillon. Alors, comme ça, j'ai fait le lavement des habits qui se billent le type-là. Un mois, deux mois, trois mois. Puis je vois le type qui vient à chez moi de très bonne heure matin avec les polices de la commissariat. Le type dit comme ça : le lavadère-là a mangé mon l'argent. Moi, je dis à rien, je suis trop entonné, quoi ! Le type esplique au police que son l'argent s'est oublié au poche de sa veston. Moi je esplique au police que j'ai donné le coup de fer et que je pas vi son l'argent. Le type dit : c'est lui le lavadère qui s'est mangé mon l'argent. Mon cher Paul, je veux parler, paf ! le matraque me frappe. Je me crie comme ça « Mamé ! Mamé ! ». Le tête se tourne comme si j'ai soulé le vin fort. Paf ! un autre matraque. Le sang ferme dans le corps, je me « gofle » beaucoup le kilog comme le candanvre. Mon corps se tombe par terre. Quand j'ai ouvri les yeux, je suis porté à la commissariat.

PAUL : (*secoué*) La vie est dire ! Le monde est méchant !

RAPHAEL : Toutes les matraques-là, mon cher Paulin, c'est rien. Seulement que le gros piment qui se pique pas beaucoup. Attends comment les d'histoires va venir derrière avec le petit piment qui se pique plis fort. Ti sais qui est ce piment ?

PAUL : Comment que je peux connaître de ça, mon cher ? Je ne jamais vi la commissariat. Je passe que devant, je vois le tremblement de tout ma corps. Les cheveux, il fait r r r r r r r r ! sir mon tête pareil quand je racontre le diable. Laisse ! qui peut pas se trembler devant la commissariat ?

RAPHAEL : Et dedans, mon cher Paulin, c'est plis pire ! On a menotté moi-là que ti vois.

PAUL : (*secoué une fois de plus*) A a a a a a a a a a h ! le menotte !

RAPHAEL : Je demande pardon. Mais les polices il est pas le pitié. Les menottes m'a serré, serré, serré. Je suis presque « évanouillé ». Si ti dis pas où est l'argent, les menottes va te serrer de plis. Alors, mon cher Paulin, pour ne pas porter le double souffrance, je suis menti n'importe quoi. Ah ! le monde est méchant ! Ti parles que le vérité, le police il est content, mais le zige pas content. Il fait le grand discours en grondant comme le pluie qui pleut avec le bruit de canon. Et comment toi, pauvre type, ti peux se parler au zige ? Ti peux pas, mon cher Paulin, car ton cou il est serré comme ça... (*il se tient le cou à deux mains pour mimer un étranglement*) et le parole il passe pas.

PAUL : On dit comme ça le jige est méchant type.

RAPHAEL : Laisse, mon cher. Les jiges il est di feu partout.

PAUL : Le feu ?

RAPHAEL : Oui, les habits qui billent lui c'est tout di feu. Le couleur rouge partout, comme le diable que le « monpère » se montre dans le photocouleur de catéchisme. Le jige parle comme la tonnerre, le gros français incomprenable qui se sort au fond de gorge et ça se bout comme l'eau chaud sir le marmite.

PAUL : Au jour de aujord'hui, lé bon Dié fait le force et je vois ta corps vis-à-vis. Tout est à Dié. De maintenant, faut oublier la malhère.

RAPHAEL : Les hommes qui a la bon cœur comme moi, c'est comme les enfants de l'école. Le mauvais chose, faut dégommer avec le gomme. Moi, le prison ? dégommé. Le colère ? dégommé. Le mauvais pensée ? dégommé. Reste que le chose propre dans mon tête. J'aime pas le saleté. Donne-moi le nouvelle des types di quartier. Quand mon petit bébé il s'est mouri, est-ce que les camarades il est fait le nécessaire ? Moi, on a refisé le permission de sortir pour pleurer mon pauvre petit.

PAUL : Ton femme, Marie, est témoin. Les camarades de la ville il te suit quand ti le paies à boire tous les jours. Quand ti es le souffrance, tout le monde se prend le fuite.

RAPHAEL : Malheureusement que toi, ti se restes avec moi dans le plaisir comme le souffrance. Merci à toi. Le bon Dieu il va fera le contre-remboursement de ta gentil.

PAUL : Moi, je suis pas ton camarade de ville. Nous sommes grandis ensemble. Nous sommes quitté de village la même jour. Même si ti as le malheureùx, si je bandonne de toi, les gens de village il va me moquer.

RAPHAEL : (*avec effusion*) Toi, ti sirpasses le simple camarade. Ti es le frère. Comment ? Antoine il est pas donné même un petit drap pour mon petit bébé, moi qui a fait la nécessaire de son enfant ! Et Pierre... Pierre, quand son femme a décédé, je suis le première de monter le palmier pour couper les feuilles, le première à fabriquer le toitire pour mettre le corps... Et François, je paye trois paquets de gros bougies pour le mort de son père... Et Daniel, je paye l'eau des Colons, le parfime qui se coûte cher pour son sœur qui se tamponne par le voiture... Et Thomas, c'est moi qui a trouvé le planche pour la cercueil de son frère... Ah ! vraiment, trop bon, trop couillon.

PAUL : Faut faire le direté, mon cher. Le monde est dir et toi ti fais la gentil. Ti sais pas se refuser. Ti se partages tes choses avec tout le monde, le même pareil que le femme bordel.

RAPHAEL : Ma cœur est trop bon, mon cher Paulin. Quand je vois les gens qui veut trouver quelque chose, ma cœur pleure, je peux pas me refiser. Si ti grimpes le palmier comme « malafoutier », est-ce que ti vas donner le poisonner au place di vin palmier ? Non ! Le sorcier, c'est le sorcier, laisse-lui faire le poisonner. Le malafoutier doit faire le bonne vin.

PAUL : Ti vas sera toujours couillonné avec ce manière-là. De maintenant le commerçant fait le malin au ville. Le client qui connaît lire, il voit le nouveau lègrement. Bon pour est mort, c'est le mauvais payeur qui l'a tiyé. Lé bon Dié lui-même il donne le pinition pour le faute. Toi, ti fais le bon pour de tout le monde et ton marchandise va se finira dans ta cœur. Après, le magasin se ferme pour le faillite.

RAPHAEL : Je m'appelle monsieur Gentil. Le gentil, c'est comme le chemise que je bille. Ti vois mon chemise ? Si je porte ça à travers, on va me moquer. Je suis toujours le mettre comme ça. Le gentil, ti peux pas tourner ça à travers.

PAUL : Ti attends l'autre type ou quoi ?

RAPHAEL : Oui, Marie. Il va se venir de bientôt.

PAUL : Nous le trouve à chez toi. Comme il sait que monsieur Gentil
sort di prison le jour de aujord'hui, Marie a payé le poulet
hier. Il se prépare le bon nourritire pour faire le grand fête.
(*Ils se mettent en route tout en poursuivant leur conversation*).

RAPHAEL : Marie est la bon cœur. Elle fait pas le manquement
de venir au prison. Elle a tombé beaucoup le pluie pour me
conduire le nourritire. Je le bon sance avec un femme comme
lui. Et comment va les enfants de monsieur Gentil ?

PAUL : Tous les enfants il va bien. Il est tranquille dans ton maison.
Les trois garçons continent l'école. Le sœur plus vieux de
l'âge a eu le basselier de l'école.

RAPHAEL : Si mon petit bébé il est pas mort, car de aujord'hui
j'ai cinq-z-en-fants. Enfin, tout est à Dieu. Il nous donne et
il nous prend.

Scène 2

PAUL, RAPHAEL, MARIE et ANNETTE.
(*Ils sont dans la salle à manger*).

MARIE : (*de fort mauvaise humeur*) Le jour entier, pas le temps
de rester seuls dans le chambre à causer. Comme le marché,
les camarades de monsieur Gentil il entre, il sort.

RAPHAEL : (*jovial*) Monsieur Gentil, il peut pas mettre le cadenas
à son gentil pour les gens.

MARIE : (*même jeu que précédemment*) Quand la malhère est
entré de ici, tous tes camarades, il me donne le dos. Je pleure
que tout seul avec ton camarade Paul.

14

RAPHAEL : Ti sais que Paulin c'est plis que simple camarade de ville. On nous a nés vers le même village. Nous sommes grandis comme les enfants d'ine seule ventre.

MARIE : (*qui éclate*) Et pourquoi ti reçois les autres qui fait rien pour toi ? Tout le poulet a été fini à midi, pass'qué tes mauvais camarades est rempli ici pour manger. Qui t'a payé une verre de vin ? une verre de bière ? C'est toi le chômeur qui sort du prison qui se paye encore le vigne aux camarades.

RAPHAEL : Faut pas gretter pour le poulet, Marie.

MARIE : Ti dis ça pass'qué ti sais pas le prix des choses de maintenant au marché. Le poulet se coûte sept cents francs.

RAPHAEL : Sept cents francs ! De paravant le poulet se coûte seulement 300 francs.

MARIE : (*contrefaisant la voix de son mari*) De paravant... de paravant... Les choses ça changer beaucoup derrière toi.

RAPHAEL : Oui, je vois entonné par les changements. Quand je vois mon propre fille Annette, je connais plis le sang de ma corps. Ya deux ans, je laisse ici un petit fille avec des tétons grosses comme le citron. De maintenant, je raconte un femme entier avec des tétons grosses comme la pappremousse. Marie me dit : c'est ton fille... oo oooo h ! je peux pas vous dire l'entonnement de ma cœur. Vraiment les jeunes enfants de aujord'hui se grandit comme le papaye ! Même Robert, Jacques et Léon, mes trois petits hommes se grandit comme l'herbe. Oh ! (*Il entrechoque ses deux paumes pour marquer la surprise*) le temps de aujord'hui il marche trop vite comme monseigneur Augouard. Les gens de chez le village Linzolo, là qu'on a fait le premier mission, les gens a donné le deuxième nom à monseigneur Augouard : Diata Diata, celui qui se marche vite, vite. Depuis le temps de l'indépendance à chez nous, les choses il fait diata diata.

PAUL : Nous, c'était le temps du petit vitesse, puis le grand vitesse sur le train qui court lentement. De maintenant, ti vois l'avion

« Comet », et derrière lui l'avion « Bouyingue » qui marche trop vite. A cause de ça, le train il arrive le retard. Au temps des colons, le micheline ça vient à six heures de nuit. Tu peux te légrer ta bracelet comme sur la radio. De maintenant, tout est fouti.

(*On entend derrière le rideau le vrombissement puissant et prolongé d'un engin motorisé avec un appel insistant de klaxon. Annette disparaît prestement.*

On peut entendre une voix).

UNE VOIX : Annette ! Annette ! Dépêche-toi !
(*Quelques instants plus tard, Annette, habillée à la dernière mode « jeune », passe dans la salle à manger en coup de vent et sort*).

RAPHAEL : (*d'abord bouche bée...*) C'est pas Annette qui s'est passée là ?

MARIE : En un seul jour, ti oublies ton fille deux fois ?

RAPHAEL : Je vois bien que c'est Annette. Mais il a fait le mondation de son taille. Il est plis grand. (*Paul et Marie s'esclaffent*).

MARIE : Annette, il est pas plis grand. Il se porte les « salamanders ».

RAPHAEL : Des souliers arabes ?

PAUL : Pourquoi des souliers arabes ?

RAPHAEL : Ti entends pas le nom-là ? Samalekoum ?

MARIE : Monsieur Gentil doit trouver le nouveau-z-oreilles à chez l'éléphant. J'ai pas dit Samalekoum, je dis Sa-la-man-der. C'est le nouveau chaussire de mode.

RAPHAEL : O O O O O O h ! des souliers hautes comme le « kébé-kébé » (1). De maintenant, quand mon fille porte les sala-

_____
(1) Kébé-Kébé, danseurs du nord de la République Populaire du Congo qui se déplacent sur des échasses.

machins-là, il est plis grand que son père. Le bon Dieu se fabrique l'homme plis long que le femme, et le femme plis court que l'homme. Avec des souliers hautes comme les « bouldingues », si ti veux gronder ton fille, oussque ti va trouver l'escalier de monter jisque dans son finguire ? Ti peux pas gronder le type que ti vois pas son finguire ? Les chaussires qui grandit les petits enfants comme ça, c'est pas bon. Et puis, mon cher Paulin, ti es vi le robe qui se bille Annette ? Tout le dos et toute la ventre est à dehors ! Mais c'est honte de montrer des choses comme ça au père, de montrer même le gigot que le père il peut pas voir.

MARIE : Comme ça, monsieur Gentil il trouble de voir le jambe à dehors ? Ti vas soûler les yeux. Partout le jeune fille se montre les choses-là qu'il doit cacher. De maintenant, c'est le fille qui cherche le garçon.

RAPHAEL : Annette oussqu'il est parti comme ça ?

MARIE : Avec son type. Ti entends pas le moteur de Yamaha ?

RAPHAEL : D'abord les sala-machins. Et de maintenant le mayama. C'est quoi ?

PAUL : C'est le vélomontère japonais, ça file le même pareil l'avion « Boyingue ». Ti entends le bruit, vrou... ou.... ou... oum ! ti vois pas le type. C'est l'entonnement. Ti te tournes le cou, le type est loin, loin.

RAPHAEL : Marie laisse mon fille de monter des choses comme ça ? De ton temps, est-ce qu'on met des machines comme ça entre le jambe d'un jeune fille honnête ?

MARIE : Quand ton fille il retourne ici, ti dis ça toi-même vis-à-vis.

RAPHAEL : Mais oui, je vas lui dire. Ti crois peut-êt' qu'il fait peureux à moi, que je me tremble devant mon fille que j'ai née, passqu'il grandit comme le kébé-kébé ? Qui paie-lui des choses pareilles ?

MARIE : (*agressive*) Attends que ton fille il retourne ici. Rien que les « salamanders » qu'il se porte lui, ça coûte dix mille francs, quinze mille francs.

RAPHAEL : (*se prenant la tête entre les mains*) Quinze mille francs ! Mais tout s'est changé derrière moi. Si je suis pas condamné car les choses restent comme de paravant.

MARIE : Tu crois se commander les choses, pauvre monsieur Gentil ! les choses se commandent tout le monde, le vieux, le jeune, le petit, le grand.

RAPHAEL : Mais pourquoi ti défends pas ton fille de faire le pitain avec Yama entre le jambe ? Le jour que je vois Yama ici dans mon clôtire, je vas boxer lui le finguire.

MARIE : (*froidement*) De maintenant, prépare de l'argent pour les choses de cimetière.

RAPHAEL : (*désarçonné*) Cimetière ?

MARIE : Annette il est plis le petit bébé. Moi, avant de te marier, je fais la vie. Demande le bouche de ton camarade Paul. Si ti te grondes trop ton fille, il va boire le nivaquine. Eh oui ! de maintenant, les enfants veut suivre le chemin tout seul sans conseils. Ti te grondes lui, il se boit le nivaquine. Ti pleures, ti cherches la bilange, ti vas chez l'hôpital, les docteurs dit : trop tard.

RAPHAEL : (*accablé*) Mais comment les choses a changé derrière moi ! Deux ans seulement. C'est incomprenable ! A quoi se sert maintenant le parent, le pouvoir di père ? Si ça sert à rien, faut dégommer le parent, jeter tout ça au poubelle. Je peux pas comprendre.

PAUL : C'est l'évidemment, mon cher Gentil ! Le temps se tourne trop.

RAPHAEL : Trop vite, Paulin, ça vous te donne le tournement dans la tête. Comment que le Blanc il dit ça, quand les yeux ça tourne comme le soûlard et ti te tombes par terre ?... Comme le maladie-là qui gaspille les gens, le pileupgie. C'est ça : le pileupgie. Toi Marie, quand ti es un jeune fille, je te porte sir le bicycalette et nous se promenons doucement. Même si ya le d'acgident, on blesse un peu. Avec le bitoukoutoukou japonais-là, Yama, Mayama je sais pas, si vous se tombez, mais c'est le candanvre ! mais c'est le candanvre ! Si ti veux pas trouver des choses comme ça, faut marcher au pied.

PAUL : C'est l'évidemment !

MARIE : Les choses il peut pas faire le massarière comme dans le camignon qui se requile derrière. Le temps de maison d'arrêt, c'est pas le même pareil comme le temps de ici.

RAPHAEL : Mon femme, faut jamais dire le maison d'arrêt. C'est pas le maison, c'est le prison, le sans-famille. Ti es déjà vi le maison sans chambre à causer, sans chambre à coucher ? Au prison, ti vis mal, ti dors mal, ti manges mal passque les soucis il remplit ta ventre et prend tout le place.

MARIE : (*changeant de registre et de sujet*) Mes mains a vi le souffrance de deux ans, moi tout seul. De maintenant, faut laisser le gentil avec les femmes, hein ? Avec tes camarades, je dis à rien. Mais ti dois tiyer tous les routes avec le femme de coin. Ti es compris ? Je pas vi le femme de coin au prison pour te porter à manger. Les femmes de coin, c'est bien quand il peut tromper l'homme qui se travaille. Quand l'homme est dans le souffrance, les femmes de coin on voit plis lui.

RAPHAEL : Marie, ti me fais le bienfaiteur que je peux pas compter, c'est trop beaucoup. Comment ti te laisses le diable entrer le mauvais pensée dans ton tête ? Je vas tiyer les routes. Mais quelles routes ? Je vas couper ma cœur avec le femme de coin. Oussque ti vois le femme, Marie ? Est-ce que au prison y a les histoires de femmes ? Ma corps-là que ti vois, c'est parti propre, ça retourne propre.

MARIE : Faut pas faire le essprès. Avant ton prison, ti se profites l'autre femme à gauche à droite.

RAPHAEL : C'est pas vrai, Marie ! Pour dire des choses pareilles, faut traper le mari comme on trape le poisson de l'eau. Moi, ti me jamais trapé !

MARIE : Passqué ti connais le trente-six malins de jouer le tour. Ti me payes pas beaucoup les habits avant le prison. Faites-vous attention, monsieur Gentil. Faut trouver le bon conduite.

RAPHAEL : Je fais le promesse, Marie, à devant mon frère Paulin. J'aime que toi avec ine seule cœur.

MARIE : (sceptique) Quand ti vas travailleras l'argent, ça doit être de l'argent pour un seul femme que ti as mariée.

RAPHAEL : Ah ! Marie ! je retourne à chez moi après deux ans de misère et tous les choses fait le changement. Le sévère des femmes de mariage, c'est comme le prison : faut pas faire ça ! faut pas faire ça !

MARIE : (déchaînée) Et alors ? Et alors ? Si ti changes pas, c'est moi qui vas changer. J'ai supporté le souffrance deux ans. Si je pas la cœur longue car je laisse le maison tout seul avec les enfants pour faire le même pareil comme le femme bordel. Mais moi, j'ai pas la cœur court. Demande ton frère Paul, les divorcés des femmes ça fait le mondation de maintenant. Vous les hommes quand ti travailles pas, ta cœur reste pour un seul femme. Quand ti travailles, la cœur et ton l'argent devient pour le femme du monde entier.

(Vrombissement de la Yamaha derrière le rideau. Peu après arrive Annette avec des paquets sous le bras).

ANNETTE : (tendant un paquet à son père) C'est pour toi, papa ! Une bouteille de whisky que mon ami m'a chargé de te remettre pour fêter ton premier jour de libération. Il a aussi remis cinq mille francs pour toi et autant pour maman.

RAPHAEL : (laissant échapper un rire d'homme intéressé) C'est vrai ? Les jeun'hommes de aujord'hui il connaît aussi le bon manière comme nous dans le temps. C'est lui monsieur Mayama ?

ANNETTE : (*amusée*) Il s'appelle Gaspard. Yamaha, c'est le nom de la marque de son vélomoteur.

RAPHAEL : Il vient pas dire bonjour ?

ANNETTE : Non, papa, il est parti. Il a encore d'autres courses à faire, mais il ne peut pas vous rendre visite maintenant. Il estime qu'il n'en a pas le droit, car il est seulement mon ami pour le moment. Si nous restons longtemps ensemble, si nos caractères s'accordent, si nous pensons que nous pouvons nous engager plus sérieusement, alors seulement Gaspard viendra vous voir tous deux, papa et maman.

RAPHAEL : De maintenant, c'est comme ça ? Les jeunes gens fait d'abord l'essayage ? comme le rodage de la tomabile ?

ANNETTE : Si tu veux papa. C'est tout à fait inutile de s'engager pour la vie si on n'est pas fait pour vivre ensemble dans l'entente et dans l'amour.

RAPHAEL : Je comprends pas de ça. Si ti fais l'essayage avant de marier, ti vois pas le honte qui se tombe sir nous ? Comment je vais porter mon bouche au village de ta oncle si on te bombarde l'enceintement ?

ANNETTE : (*ingénue*) Qu'est-ce que ça peut faire si j'ai un enfant de Gaspard ? Où est le mal ?

RAPHAEL : (*indigné*) Hé... hé ! ti vois pas le escandale ? Même les « monpères » il sera pas content. C'est le grand escandale !

ANNETTE : (*qui garde le même jeu*) Puisque tu parles de scandale, papa, je vais donc rendre ses cadeaux à Gaspard ?

RAPHAEL : Ah non ! Comment lui rendre de ça ? Il a cadonné avec ine seule cœur.

(*Il se frotte les mains et déballe le paquet qui lui est destiné*).

RAPHAEL : Ya longtemps que j'ai pas bi le whisky. Mais c'est quoi ça ? C'est pas Joni wakère ?

PAUL : De maintenant, c'est changé. On vend plis de ça.

21

MARIE : (*ironique*) Oh ! monsieur Gentil, il va se prendre le bitide. Quand son fille est sortie, il se fait l'entonnement pour le nouveau lamode. De maintenant, il voit plis le faute de ça. Annette se fait plis le escandale.

RAPHAEL : Comment il fait plis le escandale ?

MARIE : Oui, ti vois plis que Annette, il est le ventre à dehors maintenant ?

RAPHAEL : Je vois de ça. Je suis le chef de village et le proverbe dit comme ça que le chef il doit pas regarder le diable et dire ça au population. Est-ce que j'ai pas vi que Annette, il a peinturé son finguire comme le mangue trop mire ? Comment ti se rougis le finguire comme ça, Annette ?

ANNETTE : (*mi-rieuse, mi-vexée*) Tout d'abord, papa, je n'ai pas mis du rouge. Où en vois-tu sur ma figure ? J'ai mis un fond de teint sur le visage et un marron spécial sur les lèvres, car il est assorti à la couleur de notre peau d'Africaine.

RAPHAEL : Ti fais tout de contraire ? Les femmes blancs il met le rouge sir le bouche. Toi ti remplaces le chocolat au place de ça.

ANNETTE : Tu ne connais rien à la mode, papa. Cesse de dire n'importe quoi. Le rouge, c'est pour la femme blanche, pas pour nous.

RAPHAEL : Et ce chemise qui bille toi, c'est pas honte ? Ta ventre est à dehors !

ANNETTE : C'est la mode. Cet habit s'appelle un boléro. C'est une petite veste de femme.

RAPHAEL : Et ce jipe-là, il est trop court, non ? En plis de ça, son couleur quitte déjà, il va changer tout blanc.

ANNETTE : Mais non ! C'est une jupe en tissu « jeans » délavé. C'est vendu spécialement comme ça.

RAPHAEL : (*secouant la tête*) Comment ti peux te faire les choses de contraire ? Payer le chose qui n'est pas le couleur, et payer le faux couleur qui est pas dans le chose ?

Scène 3

RAPHAEL, LE VIEIL HOMME.

(Raphaël est seul dans sa chambre à coucher et dans son lit. Il rêve et pense à haute voix. Le Vieil Homme viendra lui tenir compagnie).

RAPHAEL : C'est tout à fait le raison ce que Marie et Paulin il me dit de quand j'ai sorti au prison. Vraiment, le temps de maintenant ça file trop vite, quoi ! Deux mois qui a déjà passé. Toutes les choses, c'est le mondation. Au marché tu demandes la léguime, mondation. Les petits oignons...
(Il prononce « Zonio »).

mondation. Les petits choses-là qui se marchent dans les arbres, mondation. Tout c'est le mondation. Le bière, le liminade, le vigne, mondation. Moi, quand je veux faire le mondation de prix de lavadère, les clients se refisent. Mais comment ça ? Le charbon ? mondation. Le fer à passer ? mondation. Et faut pas changer le prix de lavadère. Ah ! que le monde est méchant. Si je lave pas les habits car les gens il est pas propre. Pour me donner les merciéments, les gens il paie moins cher au lavadère. Je fais le dévouément pour eux et ils comptent pas de ça. L'indépendance, ça fouti le pays. Ah ! je grette beaucoup le temps de hier. Ah ! si le bon Dieu peut faire le milacre de faire le massarière de temps passé.

(A ces mots, un vieil homme à barbe fluviatile, habillé à la mode des années 20, chapeau Borsalino, veston croisé, chaussures blanches, surgit miraculeusement aux yeux de Raphaël qui pousse un cri de frayeur, plus mort que vif) :
Qui ça toi ? Ti es qui ?

LE VIEIL HOMME : Tu m'as appelé tout à l'heure, Raphaël. Alors, je suis venu. Je m'appelle l'Ancien Temps. Je vais passer quelques moments avec toi. Quand ta femme reviendra, je disparaîtrai. Tu as une femme honnête qui travaille dur. Elle ne t'a pas abandonné quand tu étais en prison. Des comme elle, on n'en fait plus beaucoup aujourd'hui. Chaque soir, elle va vendre de petites choses au marché ou devant le cinéma.

RAPHAEL : (*pas toujours très rassuré*) Ti es le bonhomme tout à fait bizarre comme le magie. Comment que ti rentres à chez moi ? le porte il est fermé ?

LE VIEIL HOMME : Je n'ai pas besoin de clé pour entrer où je veux. Je suis et je vis partout en même temps comme mon petit frère jumeau le Nouveau Temps. Tous deux, nous étions déjà nés au commencement de toute vie. Moi, je commande le passé, mon frère commande aux choses du présent et du futur qui passent sous mon contrôle une fois qu'elles ont cessé de vivre. Je vis en toi comme en chaque homme. C'est moi qui te donne conscience que la saison des pluies vient après la saison sèche, que la nuit succède au jour, que chaque jour te vieillit davantage et te rapproche inéluctablement de ton dernier jour sur terre. Si je ne vivais pas en toi, tu ne saurais pas tout cela, tu serais ignorant comme le bébé qui vient de naître ou l'animal qui ne songe pas au lendemain.

RAPHAEL : J'aime ce que ti me parles, mais j'aime pas que ti parles les choses mortelles. Je veux pas le penser, ça me donne le peur. Tout le monde il est peur des choses mortelles. Si on voit ça comme que je te vois, car personne ne mourira, tout le monde il va sauver la guerre.

LE VIEIL HOMME : Je t'ai vu soucieux tout à l'heure. Aussi, mon intention n'est-elle pas de te rendre encore plus pessimiste. Sache seulement une fois pour toutes, je le dis en passant, que l'homme ne peut pas se déplacer plus vite que la mort, quand bien même il tenterait — dès le premier jour de ses jours — de courir le plus vite possible. Vivant aux deux extrémités de l'itinéraire particulier de chaque homme, les deux sœurs jumelles que sont la Vie et la Mort se ressemblent plus étonnamment que deux gouttes d'eau ; de telle sorte que quand tu crois échapper à l'une, tu es toujours certain de tomber dans les bras de l'autre. Mais laissons là ce sujet qui afflige ton âme, et passons à des choses plus agréables, veux-tu ? Je suis la partie visible de tes rêveries, non pas sur ce que tu voudrais devenir demain, mais sur ce que tu as été ou que tu souhaitais être hier dans le bon vieux temps. Exprime n'importe quel souhait dans ce sens et tu le verras se réaliser.

RAPHAEL : Je vois le pir mystère dans mon-z-oreilles. Comment ? Toi ti te ronfles le gros français majuscule que les pauvres types comme moi il comprend pas, mais moi je comprends un peu, je sais pas comment.

LE VIEIL HOMME : Je suis celui que tu as été et aussi cet autre que tu aurais pu devenir. En chaque homme habitent la partie de lui-même qui s'est réalisée et aussi la somme des autres possibilités qui sont demeurées inexplorées et inaccomplies. Si tu avais pu aller à l'école, tu parlerais comme moi en ce moment. Je ne suis que ta voix inexprimée.

RAPHAEL : (*rêveusement*) Dans le temps, je suis travaillé comme le boy-marmiton chez monsieur et dame Joseph-François-Robert Pellegrini. Ah ! son madame, quel beau femme vraiment, des yeux qui se dorment, le cheveu qui s'arrive jisque le bas de dos, comme dans le filime de Martini Rossi. Quand je le pense, ma cœur se tremble. Si je suis le couleur blanc car je profite un femme pareille même si faut se payer les dommag' intérêts au chef du tribinal.

(*Noir assez bref*).

(*Puis la lumière revient sur un décor plus ou moins baroque. Raphaël, de blanc vêtu, danse un tango forcément langoureux avec la dame de ses rêves*) :

CHANSON :

« ... Loin des guitares
    Au chant si doux
    Loin des guitares

Sans cesse, je pense à vous
A votre voix dont la beauté m'avait grisé
A nos espoirs, nos serments, nos plus tendres baisers... »
(*Le tango prend fin.*
Noir.
La lumière retrouve Raphaël dans la position qu'il occupait au début de la scène).

RAPHAEL : (*avec une nostalgie émerveillée*) C'est vrai, ti es comme ceux qui fait le magie. Ah ! les filimes de Martini Rossi ! De ce temps-là, dans le ville, ya que deux micales des Colons. Le micale de Bretons, et le micale de Corses. Mon patron monsieur Pellegrini est dans le micale des Corses. Nous les Fricains, on est le micale de André Grenard. Mais pour faire le samuser, faut demander le permission à la commissariat. On danse le danse ropéyenne, le polka, le tango, le valse ! Fallait aussi biller comme les Ropéyennes, le carvande papion, les esmokingue, le chaussire vernis. Y avait le phono pour se jouer le disque. De ce temps-là, les Fricains il aime trop beaucoup le disque G.V.

(*Il imite un chanteur cubain dans « El manisero », en remplaçant les deux premières syllabes par le prénom de sa femme : « Marie... Marie... » en faisant vibrer sa voix*).

Ce chanson-là il est chanté par nos frères noirs qu'on a vendus eux là-bas à l'Américain.

(*Noir*).

(*Même technique que précédemment, mais cette fois on voit plusieurs couples de la bonne société noire des années 30 et 40 dansant au son d'un phonographe qui distille des rumbas du Trio Matamoros et du Sexteto Habanero*).

(*Noir de nouveau.*
Lumière).

RAPHAEL : (*ravi*) C'est bien le beau temps de hier. Après le guerre mondiale, le protique a gaspillé tous les choses. Tout c'est plis que le protique. Moi y a un chose que je trouve bon, quand y a le grand discours de la vote. Si je sais parler le France comme ça, car moi aussi je suis le pité ou le ministre. (*La lumière qui revient après quelques instants d'obscurité trouve Raphaël en costume de ville, haranguant un auditoire attentif devant les micros*).

RAPHAEL : (*avec autorité et assurance*) Mesdames et Messieurs, messieurs et mesdames, je suis l'homme de votre destin, je suis votre candidat idéal aux prochaines élections de conseiller territorial. Avec moi, les ténèbres nébuleuses de l'obscurantisme « labyrinthique » et de la maladie insidieusement dévastatrice seront chassées par les rayonnants progrès culturel et sanitaire que ma politique éclairée va majestueusement instaurer dans notre région par la construction d'une école et d'un dispensaire par tête d'électeur. Vous sortirez triomphalement du tunnel de la sauvagerie la plus barbare grâce au phare anti-brouillard de la démocratie humanitaire et au courage civique de votre geste auguste et rédempteur de citoyen doublement averti. Je referai pour vous le miracle des Noces de Cana car, avec mon élection, il y aura multiplication des maniocs et des richesses. Il y aura...

MARIE : (*survenant sur ces entrefaites, ne voit que son époux debout sur le lit et gesticulant bizarrement*) Mais qu'est-ce qu'y a, monsieur Gentil ? Ti te piétines le drap di lit ? Ti laves pour les autres, et c'est moi qui lave les choses di maison. Quoi, ti deviens le fou dans ton tête ?

RAPHAEL : (*égaré, regarde autour de lui et ne voit ni le vieil homme, ni son auditoire*) Ah ! le beau temps... Si je sais parler la France comme ça car moi aussi je fais le protique.

(*Mimique significative de Marie qui ne comprend pas, prend le ciel à témoin et le public, tandis que tombe le Rideau*).

Scène 4

LE TAILLEUR, LE CLIENT IRASCIBLE, LES TROIS APPRENTIS, RAPHAEL.

(*La scène se déroule dans l'atelier du tailleur*).

LE CLIENT IRASCIBLE : J'ai assez marre de toi. Chaque jour, demain. Tous les jours, demain. De maintenant, moi je te dis : demain c'est le jour de aujord'hui. Je viens prendre ma costime.

LE TAILLEUR : Ti passes demain, vraiment. Sans manquable demain. Ti vois que j'ai trop beaucoup le travail.

LE CLIENT IRASCIBLE : Si ti sais que ti as beaucoup le travail car ti dois pas manger l'argent des clients l'avance. Ti as mangé mon l'argent. Ti donnes ma costime.

LE TAILLEUR : Mais c'est pas prête, mon cher. Quand ti vas couper ton tête au coiffeur, s'il termine pas le travail, ti peux pas lever et partir ?

LE CLIENT IRASCIBLE : J'ai assez marre de toi. Je ferme mon-z-oreilles. Ti donnes ma costime, et nous deux bons camarades. Ti donnes pas ma costime ; nous allons biller le même pandro au jour de aujord'hui. Moi, pour avoir le courageux, je me bois deux verres di vin de très bonne heure matin. Avant de venir de ici, j'ai deux verres di vin dans ma ventre. Attention de toi, hein ? C'est le première vertissement. Donne-moi ma costime. Si je fais le deuxième vertissement et je fais toi comme le grand boxeur Ali avec les grands coups « Ali boma ye Boma ye ! ».

LE TAILLEUR : (*conciliant*) Faut être le bonne cœur, mon cher.

LE CLIENT IRASCIBLE : (*glissant ostensiblement une main dans sa poche*) Je suis pas veni seul. J'ai quelqu'un avec moi dans le poche.

(*A ces mots, les trois apprentis viennent entourer leur maître, lui faisant un rempart de leur corps*).

Le Client irascible : Vous êtes quatre, moi j'ai pas le peur de vous.

(*Il sort son couteau*).

Je ouvre le boyau de vous quatre, mais j'aime pas les d'histoires. De maintenant, je dis : ti rends mon l'argent et ma tissi entier sans manquer le petit morceau. Ti refises, je ouvre le boyau de vous quatre.

Le Tailleur : Ti es le mauvais cœur, toi. Si je connes comme ça car je prends pas ton l'argent. Et comment ti veux que je te fais le contre-rembourser car ta tissi on est déjà coupé lui ?

Le Client irascible : Coupé ou pas coupé lui, ti se rembourses ma tissi entier sans manquement le petit morceau. Ti fais le même temps le contre-rembourser de mon l'argent. Comme ti es pas seul de maintenant, je vas chercher trois types. Je ne pas peur de vous, je requile par derrière, mais je vas chercher mes camarades. Comme ça, moi aussi je suis quatre contre quatre, quitte et quitte pour le bagarre. Je vas jouter deux verres di vin dans ma ventre et au moment que je retourne de ici je ouvre le boyau de vous quatre.

(*Il prend un air féroce et sort, tandis que Raphaël arrive quelques instants plus tard*).

Raphael : Bonjour à vous. Mais qui se passe ? Je vois vos finguires le malheureux.

Le Tailleur : Ah ! mon cher, les gens est méchant. Ya un type-là qui veut me ouvrir la ventre passqué sa costime c'est pas terminé.

Raphael : O O O O O O h ! mais comment les gens il est pas peur de couler le sang de l'autre ? Le sang ça laisse le tache qu'on peut pas laver. Ti prends tout le savon de magasin entier, le tache ça part pas. Moi, je te porte le travail. Ti vas me coutirer deux pantalons. Voici les tissis.

Le Tailleur : Je vais te prendre le mesirer.

Raphael : Comment ? oussque il est mon ancien mesirer ?

LE TAILLEUR : Les anciens mesirer de toi c'est trop petite de maintenant. Ti es plis grosse de aujord'hui.

RAPHAEL : Mais non ! je n'a pas changé.

LE TAILLEUR : Je suis tailleur lepuis trente ans. Mon-z-yeux est intrompable. Ti vas verras toi-même le mesirer. Garçon ! porte-moi le mètre-là.
(Un apprenti s'exécute avec célérité).
(Le tailleur fait signe à Raphaël de s'approcher, et lui mesure la taille).
(Il pousse finalement un véritable cri de triomphe).

LE TAILLEUR : Ti vois, monsieur Gentil ? Je suis raison ! Je suis raison ! Ton ancien mesirer de ceinture 80 centimètres. Le nouveau mesirer 83 centimètres.

RAPHAEL : C'est entonnant, ça. Au prison, je suis pas beaucoup mangé.

LE TAILLEUR : Mais ya trois centimètres de plis. Les autres au prison ils se maigrent, les autres comme toi ils se grossent.

RAPHAEL : Je dispite pas. Je comprends pas que le vieux pantalon que je bille lui il me pas encore refisé. Je rentre bien au-dedans et ça serre pas trop ma ventre.

LE TAILLEUR : Ton pandro, il est trop petite de maintenant.

RAPHAEL : Comment que je grosse comme ça ? Je suis pas le popotame moi, qui se bite dans de l'eau. Le gros bête-là qui a le bouche grand comme le bateau.

LE TAILLEUR : Ti connes pourquoi les gens de la Dahomey et de Togo on donne eux le nom de « Popos » ?

RAPHAEL : Non, je ne sais pas.

LE TAILLEUR : Passqué ils se grossent comme le popotame, quoi ! Surtout les femmes popo, tu vois le seul bras ce comme le gros pineu de la camignon. Comment que ti peux frapper un femme gros comme ça si ti as marié lui ? Je suis peur de femmes comme ça. Bon, de maintenant je prends le mesirer de tissis de pandro.

(*Il joint le geste à la parole*).

Comment ! tes tissis il est seulement un mètre vingt ?

RAPHAEL : C'est plis le mesirer normal ?

LE TAILLEUR : De maintenant faut payer un mètre quarante ou bien un mètre cinquante. Le nouveau Lamode il prend beaucoup de tissis. Pour faire le talon de pandro, faut les 25 ou 30 centimètres pour les vieux, même 50 centimètres ou de plis pour les jeun'hommes.

RAPHAEL : Pourquoi faire 25 centimètres de talon ? C'est le gaspillement de ma tissi. Mon cher, au ville, faut manger un peu l'argent et laisser un peu l'argent pour demain.

LE TAILLEUR : Ti peux se faire le conamie des autres choses, mais pas le billament. Comment les femmes il peut regarder toi si ti billes le vieux chose-là ?

RAPHAEL : Ah ! mon cher, tout c'est changé. Je fais seulement que deux ans de prison, je sors et tout c'est de contraire. Hier, c'est l'homme qui cherche le femme. Au jour de aujord'hui le femme court derrière le garçon. Pourtant, dans le coutime, le femme il doit pas commencer l'homme le premier.

LE TAILLEUR : Les femmes il demande beaucoup l'argent de maintenant. Beaucoup le monde va au prison de cause le femme. Mon cher, le femme il te dit je le besoine de ça, ti troubles complètement, ti peux se jeter au feu ou tomber sir l'eau. De paravant, ti veux trouver un femme, tu vas chez le fétichère. Il demande le bouteille de parfimer pour se fermer la cœur de ce femme-là. De maintenant, quand ti le sors beaucoup l'argent, ça place le fétiche.

RAPHAEL : L'argent, c'est lui qui commande tous les choses de maintenant. Le jour-là les gens du quartier il est falli me taper.

Le Tailleur : Et pourquoi il est falli te taper ?

Raphael : A cause de l'argent, mon cher. Je vais promener au ville ropéyenne. Je marche toujours les yeux par terre. Les autres il a les yeux dans l'air. Alors, comme ça je ramasse le grosse porte-monnaie avec beaucoup d'argent dedans.

Le Tailleur : (*d'une même voix avec ses apprentis*) C'est le bonne sance, ça !

Raphael : Je regarde à devant, je regarde à derrière, je regarde à gauche, à droite, pas le témoin. Je suis toute seul. Je ramasse le grosse porte-monnaie. Je fais le mitour.

Le Tailleur : Après le malsance qui s'est tombé sir toi, lé bon Dié il te pense de maintenant. L'argent comme ça, faut pas montrer les gens, faut pas parler, même ton femme. Le femme il parle trop comme le radio. Ti fais le trou secret à chez toi et tu gardes le grosse porte-monnaie. Ti attends deux ans, trois ans et puis ti fais le petit boutique. Ti attends encore deux ans, trois ans, puis le boutique n'est plis petit bébé, il se grandit.

Raphael : Je peux pas faire le riche avec de l'argent de l'autre. C'est pas propre.

Le Tailleur : (*indigné*) Le ramassement c'est pas le volement ! C'est ton sance qui te montre le bon route. Ti te ramasses un chose comme ça, faut pas garder le porte-monnaie et les papiers dentité, tout ça ti fais le déchirement puis ti caches l'argent.

Raphael : Quand j'ai ramassé le grosse porte-monnaie, je suis parti à la commissariat.

Le Tailleur : O O O O O O h ! Ti es couillon ! On vient dans le ville c'est pas pour travailler l'argent ? Ta mère t'a né pour-quoi faire ?

Raphael : (*avec résignation*) Je vas à la commissariat. Je vois un Séndengari qui file vitesse sir le bicyclette. Il se transpire beaucoup. Je dis ce type-là c'est lui qui s'est oublié le grosse porte-monnaie. Je lui appelle, il entend pas, il file de plis. Moi je cours derrière lui. Le pied et le vélo c'est pas le même pareil. Je me transpire, le bouche ouvert. Je plis le force d'appeler le Séndegari haoussa. J'arrive la commissariat. Je racontre mon type avec le police. Je dis : camarade ! camarade ! ti te cherches le grosse porte-monnaie ? Il dit que oui. Je lui rends ça. Il danse. C'est le premier fois que je vois danser le haoussa avec le gros boubou. Le type il compte les billets beaucoup, beaucoup le billet de dix mille, de cinq mille. Il prend le millet de mille francs, demande le monnaie, il me cadonne de 500 francs avec le grand merci.

LE TAILLEUR : Les types de ta quartier il est le raison. Faut taper un couillon comme ça.

RAPHAEL : Alors, ti es le même bouche que les autres ?

LE TAILLEUR : Oui, de maintenant je suis le colère contre de toi. Le ramassement c'est pas le volement.

RAPHAEL : Quand je vole le chose qui me partient pas, même si les autres il sait pas, ma cœur il est pas tranquille.

LE TAILLEUR : (*toujours déchaîné*) On te donne le riche au main gauche, le pauvre au main droit, tu vas choisirer quoi ?

RAPHAEL : Je vas choisirer le main propre. Je suis pas le voleur.

LE TAILLEUR : (*lui jetant les tissus à la figure*) Monsieur Gentil c'est monsieur Couillon. Les gens il est le raison contre de toi ! (*A ce moment, par un des côtés de la scène, surgit le client irascible. Le tailleur qui l'a aperçu fuit de l'autre côté*).

Scène 5

RAPHAEL, LE VIEIL HOMME, LES DEUX VIEILLES LAVANDIÈRES.
Raphaël (*ses tissus sous le bras chemine tristement*).

RAPHAEL : Comment que je peux faire dans cette monde de
contraire ? Ti te ramasses le chose de l'autre, tu le retournes
ça, on te dit oh ! C'est pas bien. Dans le quartier, quand le
voleur se fuit, tout le monde entière se crie « voleur ! voleur ! »
et court derrière lui pour le traper. Moi je fais un chose propre
et tout le monde me voit le contraire. Mon femme, mon frère
Paulin il me voit le contraire. On critique comme ça : oh ! ti sais
pas le moyen de vivre, ti sais pas te cafouiller. Comment se cafouiller en faisant le chose pas propre ? Au terrain de fouteballe,
oui. Quand je vois le match, le joueur il fait cafouiller pour
chercher le moyen de faire « iwé ». Toute le monde on bravote
« Wooooooooo ! ». Au terrain de fouteballe, ti peux te
faire le cafouiller, mais avec le chose de l'autre ? Non ! non !
(*Le vieil homme apparaît tout à coup aux côtés de Raphaël.
Celui-ci s'arrête, effrayé, puis se rassure en reconnaissant l'autre*).

LE VIEIL HOMME : Tu me reconnais, n'est-ce pas ? Je vois que
tu es toujours insatisfait et que tu cours après un monde impos-
sible, un monde où la propreté absolue n'existe pas. On a beau
balayer tous les jours, mon cher, la saleté ne s'en va jamais
définitivement. Jamais !

RAPHAEL : (*se révoltant*) Mais pourquoi le bon Dieu fait le chose
pareille ?

LE VIEIL HOMME : Quand tu nettoies ici, c'est pour salir là.
Quand tu balaies plus loin, c'est à tes pieds que les ordures
s'amoncellent. Le monde est comme un balayeur unique qui
ne peut être partout à la fois, et ne compte que sur ses deux
bras. Sache, mon brave Raphaël, qu'il n'existe en définitive
aucune forme de propreté qui n'ait, à l'origine, pris son bain
dans un ruisseau sale. Ce cours d'eau doit lui-même, par la

suite, être lavé par une rivière plus propre, puis une autre plus propre encore, et cela ne s'arrête jamais.

RAPHAEL : Mais comment que les gens il peut pas laver les pensées qui est sale ? Y a le savon pour laver le corps, non ? Comment le saleté il peut se entrer dans le corps propre ?

LE VIEIL HOMME : Ceux qui sont malhonnêtes ont beau se nettoyer le corps, cela ne purifie pas pour autant leurs pensées. Un grand livre dit qu'on ne verse pas de vin nouveau dans les vieilles outres. Il n'est d'ailleurs pas donné à la société des hommes de boire ce vin nouveau en grande quantité. L'excès de sagesse conduit toujours à la folie. C'est pourquoi je dis : fais attention, mon pauvre Raphaël. Tu as déjà bu une goutte de ce vin, mais ne va pas plus loin. Viens avec moi, je vais te montrer quelque chose.

(Noir).

(Lumière sur un décor nouveau représentant une rivière torrentueuse. Deux vieilles lavandières portant un masque horrible disparaissent presque derrière une énorme pile de linge, et s'activent autour d'un rocher servant de lavoir.

Raphaël et le vieil homme les épient à distance).

RAPHAEL : Ce chose-là me fait le tremblement di corps. Si je suis seul car je me prends le fuite.

LE VIEIL HOMME : Ces personnes respectables font en quelque sorte le même métier que toi. Elles sont lavandières. Aujourd'hui, ce sont de vieilles femmes. Les morts viennent ici à tour de rôle pour faire la lessive. Pour ne pas être reconnus, ils mettent des masques destinés à faire fuir les vivants trop curieux. Leur corvée, avant d'être admis dans le grand village d'où l'on ne revient plus, est de nettoyer toutes les laideurs morales de notre ville. Ce n'est pas une mince affaire. Ecoutons plutôt ce qu'elles disent.

L'UNE DES VIEILLES FEMMES : Oh ! là ! là ! Quel travail épuisant ! et je te frotte ceci, et je te bats cela, et je m'échine pour me retrouver au lever du jour devant une autre montagne de défauts à nettoyer. Ils savent bien que cette saleté ne s'en ira jamais et pourtant ils nous obligent en quelque sorte à faire tenir toute l'eau de la rivière dans une calebasse au fond troué.

L'AUTRE VIEILLE FEMME : On a beau utiliser beaucoup de savon, rien n'y fait. Les taches ne s'en vont qu'en surface et, sous la mousse abondante des illusions humaines, la saleté est toujours là.

LA PREMIÈRE VIEILLE FEMME : Eh oui ! Quand la morale devient sale, les hommes font appel à la loi pour venir la nettoyer. Quand la loi, à son tour, devient sale, ils recourent à la morale pour remplir le même office. Ils oublient seulement de faire laver celui qui, incorrigiblement, ne peut pas s'empêcher de salir la loi et la morale. Je veux parler de l'homme. Et un homme, forcément, c'est quelque chose de salissant.

L'AUTRE VIEILLE FEMME : Et, en même temps, quelque chose de très pur.

LE PRÉSENTATEUR : Je vous l'avais dit ! Honnêteté qui roule n'amasse pas mousse. Raphaël n'a pas fini d'en baver. Pour comprendre la suite des événements, nous devons regarder en direction du ciel. Trente ans qu'il n'y avait plus eu des précipitations orageuses comme celle que la ville a connue le mois dernier. Des millions de dégâts. Dans les quartiers durement éprouvés, on a connu l'horreur, la désolation, et même une dizaine de victimes. Les habitants ont été déclarés sinistrés. A l'échelle nationale et internationale, la solidarité a fonctionné à plein régime. Un fonds d'aide aux sinistrés a été créé, un directeur nommé, puis un représentant du directeur.

La lourde machine bureaucratique s'est mise en branle pour aplanir les difficultés.

Il ferait beau voir que l'honnêteté constituât l'unique accident de terrain sur le passage de ce rouleau compresseur.

ACTE II

Scène 1

LE REPRÉSENTANT ET SON ADJOINT.
(*Dans un bureau*).

L'ADJOINT : (*d'un ton hésitant*) J'ai bien compris votre « combine », monsieur le représentant, mais j'ai peur, vous comprenez ? Moi, j'ai fait mon temps. Dans six mois, je prends un congé d'expectative à la retraite.

LE REPRÉSENTANT : (*décontracté tout le temps*) Lorsqu'on est, comme moi, passé maître dans l'art de presser les gens comme des citrons pour les rejeter ensuite quand ils n'ont plus de jus, on ne craint pas les pépins. Du tout cuit, c'est moi qui vous le garantis. Que gagne-t-on à être honnête, je vous le demande ? Vous avez l'âge de mon père. Vous avez fait quatorze gosses pour tenter d'arrondir votre maigre salaire. La meilleure ligne de conduite est de faire bouillir la marmite. Cent mille honnêtetés empilées bout à bout ne produisent même pas zéro pour cent d'intérêts. Croyez-moi, vous avez écouté le présentateur tout à l'heure ? Honnêteté qui roule n'amasse pas mousse. Le fonctionnaire, mais c'est le gueux de notre temps ! Au lieu de lui donner un salaire confortable, on le met en solde, ou, si vous préférez, on solde sa valeur !

L'ADJOINT : Que puis-je y faire ? C'est comme ça que j'ai vécu toute ma vie. Pourquoi changer au moment où je dois atteindre l'autre rive d'une vie de repos avec une petite pension assurée ?

LE REPRÉSENTANT : (*bondissant*) Si c'est pas malheureux d'entendre ça ! Votre pension ? En récompense de vos bons et loyaux services, vous irez ramasser tous les quatre-vingt-dix-jours des arêtes, laissant aux autres le soin de manger le poisson. Croyez-moi, mon vieux, qui trop embrasse l'honnêteté, devient incapable de faire un enfant à ses espérances les plus fertiles.

L'Adjoint : (*qui commence à être ébranlé*) Je ne dis pas qu'il faut cracher sur la chance. Je dis que trente ans de service ne devraient pas être effacés par quelque chose de louche.

Le Représentant : Il n'existe que deux races ici-bas. La race des mangeurs d'hommes, et la race de ceux qui se font moutons pour être mangés. Moi, je suis un jeune loup, un animal inconnu dans nos contes de la brousse et de la forêt. Pour être de son temps aujourd'hui, il faut se faire loup et savoir louvoyer dans la vie. Quand je souris à des moutons, ils me demandent bêtement : Chef, que vous avez les dents longues ! Et moi je réponds : c'est pour mieux vous dévorer, pauvres gens.

L'Adjoint : Je perds déjà mes dents, mais quand la viande est tendre, il est difficile de cracher sur un bon bifteck.

Le Représentant : Voilà qui est bien dit. Des millions, nous allons en manier, et nous pourrons ramasser un beau paquet dans cette opération. Croyez-moi, sur le stencil de nos fautes, le produit « Corrector » efface tout sans laisser de trace. Efficacité garantie !

L'Adjoint : On ne résiste pas à une jolie femme. La danse de Salomé de votre éloquence m'a séduit à tel point que je suis maintenant prêt à vous apporter ma tête sur un plateau.

Le Représentant : Bravo, mon vieux ! Et, ne l'oubliez pas, c'est un plateau en argent massif. Mais, attention ! Si vous me suivez, sachez qu'il faut hurler avec les loups. Pas de sentimentalisme ! C'est la loi de la forêt vierge. Le lion n'a pas le temps d'avoir pitié de la gazelle, ni d'admirer sa grâce. Il la dévore.

L'Adjoint : Mon Dieu ! quel catéchisme difficile !

Le Représentant : Vous apprendrez très vite. Laissez-moi vous raconter une histoire que j'ai vécue il y a de cela deux ou trois ans. J'étais en début de carrière avec des moyens limités, sans pouvoir m'offrir par exemple le pressing. Je confiais alors mon linge à un blanchisseur de la périphérie. Sachez que j'ai fait condamner ce blanchisseur à deux ans de prison pour un vol qu'il n'avait pas commis. Une de mes maîtresses, par jalousie, m'avait fait les poches, mais je ne l'ai su qu'après.

L'Adjoint : Mais alors, on a libéré ce pauvre homme ?

Le Représentant : (*menaçant amicalement l'autre du doigt*) Mauvais, mon vieux, très mauvais ! Du sentimentalisme ? Souvenez-vous de la loi de la forêt vierge.

Scène 2

Le Chef de quartier, la Population, Raphael.

(*La scène se déroule chez le chef de quartier où se trouve réunie une partie de la population.*

On reconnaît là notamment Raphaël, son épouse, son ami Paul).

Le Chef : (*affligé d'un zézaiement*) Vous c'est pas entier-là mais ce fait rien. Le zour de auzord'hui c'est vendredi. Ze fais le convoquer de monde entier le dimansse prossain.

Raphael : Après-demain, Chef ?

Le Chef de quartier : Comment après-demain ? Toi Loufayelle tu sais pas parler la France. Dimansse prossaine c'est l'autre dimansse qui ça vient. C'est ça non ? Bon. Le monde qui s'est venu là, vous parlez aux camarades de dire que dimansse prossaine tout de monde ici pour le grand lassembrement. Le pluie très messant qui ça tombe le mois dernière il ne pas le pitié. Il ça tombe de partout dans le maison, ça gaspille le sose qui se coûte beaucoup de l'arzent puis ça laisse nous dans la miséré. Les femmes on ça pourélé beaucoup de l'eau de la-z-yeux. Le-z-homme il regarde le terre, la ciel, il dit oh mon Dié ! Comment que ti viens faire le malheuré à celui qui sont déza le pauvrement ? Le pluie-là il fait beaucoup les beursés. Trois candanvres de ici sans compter le deux morts qui s'est décédé de l'hôpital. Gouvrénéma il va le rembourser de nous. Tous les soses qui ça perdi va le remboursema de nous.

(*Acclamations nourries de l'auditoire*).

Faut zouter beaucoup les soses. Ze parlé de comme ça, ze terminé,... Abou...ou...ou...ou ?

L'AUDITOIRE : Pia !

Scène 3

RAPHAEL, MARIE, ANNETTE.

ANNETTE : (*un cahier à la main*) Papa, la réunion de toute la population du quartier aura lieu dans deux jours. Nous allons faire aussi notre liste de choses perdues comme tout le monde. Ceux qui savent écrire comme moi sont, ces jours-ci, sollicités partout. Quelle fièvre ! Elle ne cesse de monter ! Maman m'a demandé tout à l'heure de préparer un cahier.

RAPHAEL : (*mécontent*) Marie, pourquoi ti occupes de ça ? C'est moi qui commande ici ou toi ?

MARIE : Ti commandes mais après-demain les gens fait le grand réunion au chef de quartier. Quand on coupe le gibier, faut pas trop de attendre, après on trouve même plus le queue. *Zela, zela, odzangi mokila,* comme ça qu'on dit la lingala. Nous aussi on doit se profiter comme le monde entière.

RAPHAEL : Moi je mange pas le viande pourrie. Si je me rate son queue, je grette pas.

MARIE : (*mécontente à son tour*) Je comprends pas ton têti. Tout le monde entière va se profiter. Toi seul ti veux se faire monsieur perdi. Le gouvernema va cadonner beaucoup l'argent.

RAPHAEL : Ceux qui a perdi il se profite. Nous de ici, l'eau s'est rentrée au maison après les deux jours de nondations, ça mouille un peu les choses. J'ai pas perdi les choses, moi.

ANNETTE : Mais papa ! il ne s'agit pas de faire une déclaration de choses que l'on a effectivement perdues après ces terribles inondations. Il s'agit de dresser une liste d'affaires supposées perdues, disparues. Le gouvernement n'ira pas regarder d'aussi près. Ce qui importe pour lui, c'est de venir en aide aux populations sinistrées. Une action de grande envergure a été mise sur pied. Les journaux, la radio et la télévision parlent de cette affaire depuis un mois. Une grande fête populaire est prévue le jour de la remise solennelle de l'aide gouvernementale aux sinistrés.

RAPHAEL : Je comprends pas ton gros français, mon fille.

ANNETTE : Je vais parler plus simplement. Le gouvernement a mis de très grands moyens pour venir en aide à tout notre quartier. Tu comprends ?

RAPHAEL : Oui.

ANNETTE : Chaque chef de famille aura une enveloppe, pardon ! une aide très importante pour lui permettra de reconstruire sa case et même de mettre un peu d'argent de côté. Tu comprends ?

RAPHAEL : Oui.

ANNETTE : La liste demandée à chaque propriétaire de parcelle doit seulement servir de justification au gouvernement pour l'aide qu'il est disposé à apporter. Tu comprends ?

RAPHAEL : Non.

ANNETTE : Depuis un mois, chaque propriétaire de parcelle possède déjà dans la caisse spéciale du gouvernement l'argent qui lui sera donné. Tu comprends ?

RAPHAEL : Oui.

ANNETTE : L'argent est déjà là. Il ne manque que le papier, la liste des objets supposés perdus. Tu vois ?

RAPHAEL : Mais pourquoi que tu parles le question de papière ? Si ya le caisse espéciale, ya qu'à donner de l'argent !

ANNETTE : Le gouvernement donne de l'argent contre un reçu. C'est normal.

RAPHAEL : Oui, c'est normal pour les types qui s'est perdi beaucoup le chose. Mais moi, j'ai rien perdi.

ANNETTE : (*retenant un mouvement d'impatience*) Tout le quartier a été déclaré zone sinistrée. C'est donc toute sa population qui doit bénéficier de l'aide du gouvernement.

RAPHAEL : Seulement ceux qui a perdi le chose.

ANNETTE : (*énervée*) Moi, je renonce à lui expliquer, maman. (*Elle s'essuie les yeux avec un mouchoir et sort*).

RAPHAEL : (*surpris*) Mais pourquoi Annette se pleure ? Vous les femmes vous se pleure comme l'enfant.

MARIE : (*qui éclate*) Passqué Annette il a le père qui est un bécile.

RAPHAEL : (*en colère*) Je suis pas le bécile. Toi et ton fille peut-êt' on peut se compter de vous comme...
(*montrant deux doigts de sa main*) :
un et deux béciles. Pas moi.

MARIE : (*du tac au tac*) Si ti pas le bécile, fais comme le monde entière. Depuis huit jours, ti te refises de faire le papière.

RAPHAEL : Je veux pas le voleur, moi ! Comment que je fais le trompement dans le papier pour les choses que je pas perdi ? C'est pas propre, ça !

MARIE : Si ti me coutes pas, le jour que l'on partager l'argent-là, moi je quitte de chez toi.

RAPHAEL : (*inquiet*) Comment que ti dis des choses comme ça ? Nous avons marié lepuis dix huit-z-ans. Regarde ton premier fille, Annette. Il est déjà le mamelle de grande femme. Et toi ti veux faire la divorce ? Comment donner le confiance à un femme ? Tu es oquipé de moi quand je suis au prison de deux ans. Et de maintenant, ti veux me bandonner ? Passque ti vas trouver un autre type qui l'est le riche, le jeune homme ?

MARIE : Je quitterai de chez toi passqué jé veux pas qu'on me moque.
(*Elle se lamente avec de grands gestes*).
Comment que je fais pour avoir le mauvais sang dans ma corps ? Ma corps se gaspille à cause de toi, monsieur Gentil.

Scène 4

RAPHAEL, PAUL.

(*Raphaël est attablé dans un bar, devant deux bouteilles de vin dont l'une est vide et l'autre entamée. Il est déjà ivre.*
La musique se fait entendre par des haut-parleurs. Paul arrive peu après).

RAPHAEL : (*qui a l'ivresse joyeuse*) Tous les choses est changé derrière moi. Avant mon prison, j'aime danser le rumba douce avec le sentiment dans la cœur. Ti peux te danser nuit blanc sans le fatigue. De maintenant, c'est le pir gymnastique, comme le maladie de pileupgie. Ti danses pas, ti fais le boxe avec le geste qui se finit pas comme le boxeur-là Ali Mahomède. Avec de ça, ti te transpires comme le type qu'on a trapé lui au chambre à coucher avec le femme de l'autre. Ti connais ce d'histoire, Paulin ? On trape à Pointe-Noire un type qui se profite la femme de l'autre. Il se pleure en *munukutuba : « Bul'mun' na ku bul' ve, mu ke fut' nge na ku fut »* ! Cela ce veut dire : ne frappe pas ma corps de me frapper, je suis le force de te payer le taxement de la dommag'intérêts.

PAUL : (*il rit*) Ah ! toi, monsieur Gentil, ti connes les d'histoires de rigolement qui fait de tomber l'eau de la-z-yeux comme le pluie, quoi ! A ! si je trape un type comme ça avec mon femme et y me dit des choses comme ça je vas s'éclater de rire teulement dépasser le mesirer que je plis avoir le force de ouvrir sa ventre avec le couteau ! Ah ! Ah ! Ah ! ti fais comme finès de Louis qui se montre dans le cindima.

RAPHAEL : Finès de Louis ? C'est qui, ça ?

PAUL : C'est lui qui a placé Fernandel dans le cindima.
Mon cher Gentil, ti vois lui avec ses guirmaces, ti n'es même plis le force teulement le rire il te fait le secousse de ta corps, quoi !

RAPHAEL : Mon cher Paulin, qu'est-ce que ti te bois ? Y reste qu'un moitié de bouteille. Je déjà bi toute seul un bouteille entière. Je peux plis avoir le force de payer le troisième bouteille Le date di mois il est maintenant loin.

PAUL : Moi, je suis foncé. A de maintenant, on met le corde dans le cou de moi pour sortir cinq cents francs, je peux pas.

RAPHAEL : (*fait venir un verre pour son ami et sert Paul*) Tchin tchin ! Buvons-nous !

PAUL : Tchin tchin ! De maintenant, le monde entier est foncé, mais dans quatre matins on est riche. On peut payer dix casiers de bière, vingt' et même de plis.

RAPHAEL : On est riche, et comment ? Quel milacre ?

PAUL : Quand gouvrénéma il va donnera de nous beaucoup de l'argent.

RAPHAEL : Le riche c'est pour vous seuls. Moi, je veux pas les choses faux et menteurs.

PAUL : Ti me donnes l'entonné ! Je vois ton femme Marie. Il me dit le pareil que ti parles. Marie il est beaucoup le colère contre de toi. Le chanson il dit que le mariage c'est comme le œuf. Faut bien tenir de ça. Si le œuf se tombe par terre, fouti complètement. Marie est le raison, toi ti es tort.

RAPHAEL : (accablé) Qui ça qui me fait le condamnement de deux ans ? Si je sais de paravant car je fais le nouvelle motif pour rester au prison. Tout le monde me donne les yeux méchants. Si ça continue de comme ça, je vas rester toute seul. Pas de femme, pas de camarade, pas de clients. Ah ! que le monde est méchant ! Tu fais le bien, on rembourse le mal. Ti es court, on te moque. Ti es long, les gens fait le critique de toi. Ti te grosses, on te moque. Ti te maigre, les gens est pas content. Si je fais les choses faux, mon femme reste à chez moi. Si je reste propre, mon femme quitte définitif.

PAUL : Ti te fais le compliquement pour à rien. Le gouvrénéma il nous cadonne. C'est pas toutes les jours. On te dit : prends, et toi ti veux pas ?

RAPHAEL : Si on nous cadonne, pourquoi qu'on nous demande de faire le papière ?

PAUL : Hé ! Ti sais que le mistration il peut pas faire quelque chose sans le papière. Ta mère t'a né, le papière. Tu travailles ? le papière. Tu dois montrer que toi c'est toi ? le papière. Tu te mouriras ? le papière !

RAPHAEL : (à bout d'arguments) Ti finis le reste de la vigne. Je peux plis me boire. Trop les choses ça bousquile de mon tête. Je veux penser de ça.

Scène 5

RAPHAEL, MARIE, ANNETTE.

RAPHAEL : (*toujours ivre, roulant les yeux d'un air furibond*) Ousqu'il est Annette ? Il s'est pas encore retourné ? C'est qu'il heure de maintenant, hein Marie ?

MARIE : (*ironiquement*) L'heure comme hier. Le montre fait « ngui-ta-ngui », le petit aiguille marche au devant, le grand aiguille au derrière.

RAPHAEL : (*gardant son jeu*) Ti te prends monsieur Gentil pour le type bête ? Je suis pas le alphabète, moi. De maintenant il est midi de nuit passé et ton fille promène partout. C'est pas le bon tic-tac ça.

(*Avec une violence qui lui est inhabituelle*) :

Demain de très bonne heure matin, je vas chez le moniteur de Robert. Comment que les types fait le combine pareil ? Mon enfant est toujours le première dans les kizaminé de l'école. Et comment qu'il est échoué de concours ? C'est le complot ça. Moi je dis à mes petits-enfants, ton père il n'est pas fait l'école, il n'est pas le malin de gros français. Mais vous faut sirpasser monsieur Gentil qui est ton père. Mes petits-enfants il suit le conseil de moi. Tous les jours ils cassent la tête pour tidier dans la rie avec le lampe électrique. Il dort sir la natte. Il n'est pas beaucoup le nourriture pour se manger. Quand on fait le kizaminé il sirpasse les enfants des riches qui se dort sir le lit de ressort et qui conne pas le difficulité de la terre. Et comment que mon fils Robert est échoué de concours ? Il est vi le nom de lui dans le papier, puis le pir mystère son nom se oublié. Alors, les enfants des pauvres, il peut plis se gagner le kizaminé ?

MARIE : (*attendrie tout d'un coup*) Le pauvre c'est comme le maladie, monsieur Gentil. On donne toi le rodonnance pour payer le piquire à l'impharmation, et ti n'es pas le moyen de

46

payer ça. Si les riches il peut payer le mort car c'est les pauvres seulement qui se mourira. Malheureusement que le bon Dié a fait le mort pour le monde entier.

(*Arrive Annette*).

ANNETTE : (*joyeuse*) Vous ne dormez pas encore, papa et maman ? De quoi parlez-vous à cette heure ?

RAPHAEL : (*violemment*) Ma maison c'est pas pour le pitain, ti es compris Annette ? Je suis le commandement de vous tous ici. Qui ce manière de retourner ici n'importe qui l'heure ? Ti te ramasses les hommes partout et ti vois pas le honteux qui remplit de nous les parents ? Si ça contine, car je va te boxer comme quand ti es le petit fille de jour passé.

ANNETTE : (*désemparée*) Mais que t'ai-je fait, papa ? Tu n'as jamais désapprouvé ma conduite depuis que tu es sorti de prison ? Ne t'ai-je pas dit que je vis avec un ami ? Et si j'étais une fille de mauvaise conduite, n'allais-je pas découcher toutes les nuits ?

RAPHAEL : (*gardant le même jeu*) De maintenant les enfants il est plis les enfants. Il est le même pareil comme le lapin que les oreilles de lui ça sirpasse son tête. Annette, si ti contine le pitain car ti vivras plis à chez moi. A dehors c'est tout le monde qui se commande. A chez moi, le chauffeur qui tient le guidon de la tomabile c'est moi toute seule.

ANNETTE : (*pleurant nerveusement*) Maman ! Maman ! Qu'ai-je donc commis comme faute pour que papa me parle aussi durement que ça ? N'ai-je pas toujours été respectueuse à son égard ?

RAPHAEL : (*parlant à lui-même en marchant d'un air agité*) Quand on tiye le viande, les types riches il prend le gros morceau et il laisse que les z-osses pour nous. Il bille les habits de lixe et il laisse que le tissi moins cher pour le pauvre type. Il prend le bonheur entier et il laisse que le malheureux pour nous. Il se mange le nourriture qui se coûte beaucoup d'argent et nous on brile le bouche avec le poisson salé que nous sommes l'abonnement di premier au trente.

(*Haussant encore le ton*) :

Mais le malin des enfants au l'école c'est Dieu qui se partage ça, et il fait pas le choisirer des enfants pauvres ou riches.

MARIE : (*prenant sa fille à part et l'entraînant à l'avant-scène*) Faut pas compter de ce que monsieur Gentil se parle. Il s'est beaucoup bi. Demain matin il va se oubliera son parole. Il est le colère passqué Robert s'est échoué de concours.

ANNETTE : Pourtant, mon ami Gaspard m'a assurée qu'il avait remis 5 000 francs à quelqu'un de bien placé qui devait s'arranger pour mon frère. Et Robert m'a dit qu'il avait bien vu son nom affiché l'autre jour à la Mairie.

MARIE : Oui, ton père dit comme ça que le nom de Robert c'est enlevé de maintenant dans le papière.

Scène 6

LE REPRÉSENTANT, SON ADJOINT.

(*Ils sont dans un bureau*).

L'ADJOINT : Le pointage est maintenant terminé. Ouf ! 819 habitants pour 253 chefs de famille. Il fallait vérifier et encore vérifier. Ensuite, j'ai fait comme vous me l'aviez recommandé. A côté de ce que vous avez appelé la liste blanche, j'ai établi la liste noire. Cela donne 1 500 habitants pour 450 chefs de famille.

LE REPRÉSENTANT : Je suis content de mon élève. Ces personnes fictives deviennent, à dater de ce jour, aussi vivantes que vous et moi. Dès que vous faites figurer n'importe qui et n'importe quoi sur une liste administrative, vous devenez un dieu par intérim. Vous avez, en effet, pouvoir de vie et de mort sur les gens et les choses. Et puis, bravo pour les chiffres ronds ! Rien ne vaut les chiffres ronds dans l'administration pour faire tourner la machine et rouler les gens. Tout ce qui n'est pas rond, mon vieux, est tordu. Si les roues de votre bicyclette sont tordues, vous ne pouvez pas rouler, non ?

L'ADJOINT : J'ai rendez-vous avec le chef de quartier cet après-midi pour retirer les fameuses listes.

LE REPRÉSENTANT : Il n'a que trop tardé. On déclenche demain, si tu ramènes ces papiers.

L'ADJOINT : Ce retard est provoqué par un hurluberlu qui sème le doute dans les esprits et récolte une volée de bois vert. Une sorte de coq à trois pattes.

LE REPRÉSENTANT : Que vient faire ici ce coq à trois pattes ?

L'ADJOINT : Simple image. Songez que sur huit cent dix-neuf habitants régulièrement recensés, un seul refuse de faire ce qu'il appelle de fausses déclarations.

LE REPRÉSENTANT : Il est fou ?

L'ADJOINT : Il est trop honnête.

LE REPRÉSENTANT : C'est exactement la même maladie, mon vieux !

Scène 7

PAUL, RAPHAEL.
(*Raphaël est dépenaillé*).

PAUL : Depuis un semaine, ti manges rien. Seulement temps à temps un graine de l'arachide avec ine verre d'eau. Ti vas se gaspiller ta corps comme ça.

RAPHAEL : J'ai pas le bonne petit de bien se manger, mon frère. Le nourriture il peut passer où ? Le gorge de moi a bloqué complètement par le souci qui me casse le tête comme le marteau.

PAUL : Faut te oublier les affaires de hier. Un homme il doit pas trop se penser comme un femme.

RAPHAEL : (*avec une violence désespérée*) Mais pourquoi les gens il me frappe ? Je veux pas entrer dans vos combines.

PAUL : (*avec gravité*) Ti es la sance. Les gens il veut pas te frapper pour le samusement. Il te frappe pour que ti évanouiller jisque le mort définitif. Le jour-là, les gens il est comme le fou dans son tête.

RAPHAEL : Mais pourquoi ? Pourquoi ? il me frappe dans le rie piblique, d'accord là c'est pour le monde entière. Moi, je sauve au chambre à coucher et il entre aussi là pour me frapper.

PAUL : Malheureusement que je suis là car on fallit terminer pour toi définitif. Je suis sorti les gens à dehors, vraiment le diffiquilité pour que il sort. Puis Marie avec le malin de femme, il bille toi avec les habits de lui et je suis te sorti quand le nuit se proche. Ti es tort, monsieur Gentil ! C'est ton faute !

RAPHAEL : Et qui se passe de maintenant derrière moi ?

PAUL : C'est comme je te parle de vant-hier. Ya le grand discours, le grand fête avec beaucoup les gens. Monsieur le présentant se fait le partager de l'argent. Marie il est pris de l'argent au place de toi. Les gens il est content d'avoir le poche plein et on fait que se boire le matin midi soir jisque midi de nuit.

RAPHAEL : Ce l'argent, c'est pas pour faire le réparation de maison qui s'est tombé ? C'est pour se boire ?

PAUL : Oh ! faut laisser les gens se samiser. Il se boit un peu, et l'autre peu c'est pour garder. Ti vas se retourner à chez toi ?

RAPHAEL : Non ! Mon maison il est pas propre avec ce l'argent-là.

Scène 8

LE REPRÉSENTANT, SON ADJOINT.

(*Assez longue mimique au cours de laquelle on les voit se congratuler, danser, se frotter les mains, bref, exprimer leur ivresse*).

LE REPRÉSENTANT : C'est dans la poche !

L'ADJOINT : C'est gagné !

LE REPRÉSENTANT : Simple comme bonjour !

L'ADJOINT : Comme un pli glissé dans une boîte aux lettres.

LE REPRÉSENTANT : Pour fêter cette journée mémorable, je me suis encore offert la peau d'un honnête homme, en l'occurrence mon ancien blanchisseur, tu sais ? C'était lui le coq à trois pattes dans le quartier sinistré. Ses voisins ont failli le lyncher l'autre jour.

Scène 9

RAPHAEL, LE POLICIER, LE VIEIL HOMME.

(*Raphaël, menottes aux poignets, arrive au commissariat de police, encadré par deux agents*).

LE POLICIER DE GARDE : Tiens ! tiens ! Je reconnais ce gaillard. Alors, mon cher, tu t'ennuyais loin de nous ? Qu'est-ce que tu as encore fait ?

RAPHAEL : J'ai à rien fait.

LE POLICIER : Tous, vous dites toujours ça en arrivant ici. Toi aussi, tu mens comme les autres.

RAPHAEL : J'ai à rien fait.

LE POLICIER : Et la dernière fois, tu n'avais rien fait, peut-être ?

RAPHAEL : On m'envoie au prison de deux ans sans le motif. Je sors dehors, les gens il est contre de moi, puisque je suis les mains propres. J'aime pas le saleté. De maintenant, j'aime de rester au prison, loin de monde entière. Les gens il a falli me tiyer définitif pour a rien. J'ai plis le place tranquille à dehors.

LE POLICIER : Mais ici, tu ne feras que quinze jours de garde à vue, un mois au plus. Après, tu repartiras chez toi.

RAPHAEL : (*avec violence*) Non, je veux pas retourner à chez moi. Je veux que rester ici ou bien au prison. Je veux pas retourner. Si ti me retournes par le force à chez moi car je fais le mauvais péché que mon père fait le défendi. Je veux plis retourner à chez moi. Si ya un chose propre qui se fait le mélanger des choses sales, il devient le même pareil.

(*Le Policier fait entrer Raphaël dans un réduit entouré de barreaux, et sort après de la scène*).

RAPHAEL : (*la tête entre les mains*) Comment qué même le bon Dieu il est contre de moi ? Je partage qué le bien et il me fait que le contre-rembourser de mal. Je veux plis retourner à chez moi et je veux plis faire le prison de sans motif. Les pensées il fait le contraire dans mon tête. Je veux un chose puis je veux plis ce chose-là. Pourquoi que je dis au police-là que je veux me rester au prison ? En plis de ça je me refuse de retourner à chez moi. Et ma cœur se partage là au milieu. Ah ! vraiment, si je me mourira car je le tranquillité définitif.

LE VIEIL HOMME : (*surgissant comme à l'accoutumée*) Alors, mon pauvre Raphaël ? Toujours à ruminer des idées noires alors que tu es l'homme qui blanchit les autres ? D'où te vient cette intention funeste de mettre fin à tes jours ? Tes voisins de quartier ont soif de malhonnêteté et toi tu te présentes pour leur offrir un verre d'eau fraîche et pure. Ils ne veulent pas de ta pureté et préfèrent boire du poison, après avoir cassé ton verre. Je te l'avais déjà dit. N'insiste pas.

RAPHAEL : Toi aussi, tu te penses le contraire de moi ? Je provoque pas les types-là, c'est lui qui fait le provocation.

LE VIEIL HOMME : Les gens condamnent toujours ce qu'ils ne peuvent comprendre et qui est situé en dehors de leur terrain de jeu. Tu es pour eux un gêneur car tu es l'exception qui vient déranger leurs règles du jeu. Ce n'est pas toi, crois-moi, qui viendra changer leur conduite. Je te donne un exemple. En pleine nuit, un de tes voisins bat sa femme. Celle-ci appelle à l'aide, en criant que son mari est en train de la tuer. Que ferais-tu dans ce cas ?

RAPHAEL : Je reste à chez moi, mon cher ! Je suis pas le bécile de faire le couillonnade. Si je me sors car le police vient me chercher de très bonne heure matin pour le témoin. A chez nous tout le monde il est peur le témoin.

LE VIEIL HOMME : Eh bien ! Tu vois ? Nous allons finir par nous entendre. Tu reconnais que ce qui se passe chez ton voisin ne te regarde pas. Tu admets que ceux qui se mêlent des affaires des autres finissent par avoir des ennuis. Comme dit le proverbe congolais, « le lézard sait se sauver à temps, aussi ne risque-t-il pas de se faire dévorer ». Tu connais l'histoire de l'aveugle et du taxi ?

RAPHAEL : Non.

LE VIEIL HOMME : On raconte qu'un chauffeur de taxi avait chargé à la gare de Brazzaville cinq ou six passagers parmi lesquels se trouvait un aveugle. Chemin faisant, le chauffeur renverse un cycliste qui roulait sans lumière. Connaissant les réactions violentes d'un public toujours irresponsable en pareil cas, le chauffeur abandonne sa voiture et prend la fuite. Les autres passagers suivent son exemple. Tous à l'exception de l'aveugle qui ne savait pas ce qui se passait. Eh bien ! ce pauvre aveugle a été battu à mort. Je te donne ce triste exemple pour te montrer qu'il ne faut jamais s'embarquer les yeux fermés dans le taxi que conduit la vie.

RAPHAEL : Moi je suis le z-yeux clairs. J'ai pas l'aveugle, moi.

LE VIEIL HOMME : C'est très bien. Tu te rappelles ce film de Fernandel dans « Ignace » ?

RAPHAEL : (*il rit*) C'est bon filime ça de Fernandel.

LE VIEIL HOMME : Dans ce film, il y a un moment où l'on apprend à Fernandel qui travaille chez un général comme domestique — il est même comme toi blanchisseur de temps en temps — les trois règles de la discrétion : tout voir, tout entendre et ne rien dire.

RAPHAEL : Moi je vois et j'entends que le chose pas honnête, mais je dis à rien.

LE VIEIL HOMME : Le problème n'est pas que tu dises quelque chose ou que tu ne dises rien. Ce que les autres te reprochent est très simple. Tu leur montres, par ton attitude, que tu désapprouves leur conduite, et cela, ils ne te le pardonnent pas.

RAPHAEL : Mais comment que je dois faire ?

LE VIEIL HOMME : Il y a en toi quelque chose qui ne veut pas mourir et une autre chose qui ne peut pas naître de ton vivant. Il est trop tard pour que tu changes de vie. Il est trop tôt pour que ton exemple... quoique...

RAPHAEL : (*se bouchant les oreilles*) Ti me soûles le gros français qui se décourage dé moi. (*Et comme le Vieil Homme fait mine de partir, Raphaël l'arrête avec de grands gestes du bras*). Non, non, reste-toi avec moi. Je suis trop peur le nuit. Ici le police ne pas me donner le lampe. Je suis trop peur de me rester toute seul.

LE VIEIL HOMME : Tu ne dois pas avoir peur de la nuit, Raphaël. Tu seras son vainqueur. Je veux dire qu'entre la nuit et toi, c'est toi qui gagneras finalement, même si, pour une raison ou pour une autre, tu n'es plus là pour le vivre et le voir. Quand tu dors, entends-tu parfois le premier chant du coq ?

RAPHAEL : Le viè type comme moi ne se dort pas beaucoup. Les oreilles dé moi entend bien clair le cocodiako.

LE VIEIL HOMME : Quand le coq chante pour la première fois, c'est encore la nuit complète, la mort totale de ce qui nous entoure. Et pourtant, dès ce moment, aucune force au monde ne peut empêcher que le temps roule petit à petit sa natte et s'apprête à ouvrir l'œil.

(Gagné par un sommeil invincible, Raphaël s'allonge à même le sol et ne tarde pas à s'endormir. On entend ses ronflements).

LE VIEIL HOMME : Dors, Raphaël, dors, toi l'humilié, toi qui es honni partout, toi que l'on a roué de coups. Ta peau leur est devenue tam-tam, comme chantait l'orchestre congolais de « M'Bounzila ». Mais ce tam-tam ne va plus laisser un seul instant de répit à tes voisins, le tam-tam ne cessera plus de réveiller ce quartier que tu as fui à cause des ordures ménagères qui s'y amoncellent à tel point que le nez ne sait plus où donner de la tête. Tu leur manques déjà mais ils ne le savent pas encore. Ils viendront te chercher le jour où il fera jour, grâce à ton cocodiako. Nouveau Temps qui est mon petit frère me l'a dit. Ils viendront te chercher tant il est vrai, selon un dicton de chez nous, que la langue va où manque une dent. Dors, Raphaël, dors.

F I N

(Brazzaville, 1975)

TABLE DES MATIERES

Imprimerie LABOUREUR et Cie, 36100 ISSOUDUN (France) - Tél. : (54) 21-00-87
Dépôt légal : 3e trimestre 1979